Library of
Davidson College

Sermons and Homilies of the Christ of Elqui

ALTA Richard Wilbur Prize for Poetry, no. 1

University of Missouri Press
Columbia, 1984

NICANOR PARRA

Sermons and Homilies of the Christ of Elqui

ENGLISH TRANSLATION BY Sandra Reyes

with a foreword by Miller Williams

Copyright © 1984 by The Curators of the University of Missouri
University of Missouri Press, Columbia, Missouri 65211
Printed and bound in the United States of America
All rights reserved

Library of Congress Cataloging in Publication Data

Parra, Nicanor, 1914–
    Sermons and homilies of the Christ of Elqui.

    (ALTA ; no. 1)
    "The poems included here originally appeared as two publications . . .
Sermones y prédicas del Cristo de Elqui (1977) and Nuevos sermones
(1979)"—T.p. verso.
    I. Reyes, Sandra.   II. Parra, Nicanor, 1914–   Nuevos
sermones y prédicas del Cristo de Elqui.   English. 1984.
III. Title.   IV. Series: ALTA (Series) ; no. 1.
PQ8097.P322S413   1984   861   84-2187
ISBN 0-8262-0455-1

The poems included here originally appeared as two publications
of Estudios Humanisticos de la Facultad de Sciencas Físicas y
Matemáticas de la Universidad de Chile entitled *Sermones y prédicas
del Cristo de Elqui* (1977) and *Nuevos sermones* (1979).

Sermons and Homilies of the Christ of Elqui is the 1984 winner of the Richard Wilbur Prize for the translation of poetry and verse drama. The Prize is given biennially to the best translation submitted to the competition sponsored by the American Literary Translators Association and the University of Missouri Press. Translations are chosen by a panel of judges for literary and technical merit as well as for their significance in their original language.

Foreword

A good many poets from other languages have been read by English-language poets over the past two decades, sometimes in the original, more often in translation. These poets have occasionally affected our thinking and our themes; very rarely have they influenced our styles. Nicanor Parra has. More than a few poets have found the shape and texture of their work different after encountering the *Poems and Antipoems* and the *Emergency Poems*. This, and Parra's winning ways as a visiting poet at Louisiana State, Columbia, Yale, the University of Arkansas, and other writing centers have made him seem one of us. So the *Sermons and Homilies of the Christ of Elqui* will be received by many as if it were a new and welcome volume by an American or Canadian or British poet, so much has Parra addressed our purposes. But he is not ours. He is pure chileno, but he is not Chile's either. It has become a triteness to say it, but he belongs to the world. Perhaps it would be better to say the worlds: the first, second, and third worlds, and he makes them one.

It is important to be reminded that Nicanor Parra does not write in English, that the *Christ of Elqui* speaks to us here in translation. When I first read the *Sermons and Homilies* as rendered into English by Sandra Reyes, I was delighted but I was not surprised. I have been honored for more than twenty years to call Nicanor Parra friend; Sandra Reyes has been my sometime student and always friend for more than six. I cannot think of a poet and translator better suited to one another. They share a fierce dedication to good sense, an energy constantly startling to their comrades, a great (sometimes prickly, always forgiving) wit, a love for both languages, and an unfailing good grace. I celebrate them both and this marvelous marriage of talents. As the *Cristo de Elqui* might put it, we have been blessed.

John DuVal, accepting the ALTA Translation Award for Sandy

Reyes (who was in Germany at the time), described her as all of us in the Arkansas Translation Workshop remember her,

> hurrying down the hall with the manuscript of *The Christ of Elqui* in one hand and a little boy or two hanging onto the other, hunting people down in the building to ask what they thought was the best equivalent for some Chilean expression.
>
> With her husband away on military duty while she took classes, taught, prepared for graduation and departure and took care of three children, she revised and polished, polished and revised with startling energy and attention to capture that special quality that exists nowhere except in Nicanor Parra's poetry.

The preacher to whom Parra attributes these brief sermons did only half a century ago walk the byways of Chile, admonishing the sinful. Not often in our histories has a person died into his own myth. There are those who believe he never did die.

I am one of those; clearly the Christ of Elqui is (for which I am joyfully indebted to Nicanor Parra and now Sandra Reyes) even now among us.

Miller Williams
Fayetteville, Ark.
January 1984

Contents

Foreword by Miller Williams, vii

Translator's Introduction, xi

Sermons and Homilies
of the Christ of Elqui, 1

Bibliography, 105

Translator's Introduction

In translating poetry, there are always a number of difficult problems and choices with which the translator must deal, choices involving tone, content and meaning, poetic form, or syntactical subtlety. Regardless of the genre in which the translator is working, certain translation theories are revealed by the methods in which he or she solves these problems, through what is sacrificed or retained. In translating the poetry of Nicanor Parra, I tried to keep poetic form intact, taking liberties when necessary, not attempting to create a poem of my own but rather to re-create the original in English, as nearly as possible. In Parra's "free verse," where the poetic form is less discernible (but just as important) and therefore difficult to capture in translation, I have tried to employ the poetic techniques most used by the author, for example, enjambment, repetitive devices such as alliteration and anaphora, and other workable elements of style.

In Nicanor Parra's poetry, the author's tone is heavily pronounced. Thus a distinct poetic voice is essential to a successful translation. I have attempted to capture the voice and tone by using language that is comparable to the original Spanish. At the same time, I have tried to keep a sense of Parra's use of basic hendecasyllabics by means of iambic pentameter. Since Parra's meter is often irregular and inconsistent, though, so is that of the translation.

The Poetry

Both the poetic form that Parra has chosen—a fairly free structure based on the hendecasyllabic line—and the comic allusions to the medieval, such as the speaker's jongleur characteristics and his sacred vows reminiscent of those made by epic heroes, suggest an underlying sense of traditionalism on the part of the author, even though this is a trait he often denies. Parallel to this undercurrent of traditionalism flows Parra's antipoeticism, seen not only in the language as it flips easily and smoothly from street talk to mock sublimity and back again, but also in the recurring theme of reality as Parra perceives it—that things both are and are not what they seem, that the antihero both exists and does not, that true pathos lies in the absurd.

Politically, Parra uses poetry to speak his mind about the social conditions of Chile; there are some private jokes about the government, but for the most part he directs his criticism toward the people. There is a great deal of mockery, but through it all a fierce patriotism and love for his countrymen. As for religion, Parra treats all sides with equal severity: he shows not only the phony side of the religious scene but also the phony side of the phony side of the religious scene.

The Antihero

Not much is known about Domingo Zarate Vega, the speaker of these poems, except that he lived in Chile during the 1920s and 1930s and that he left his occupation as a construction foreman to become an itinerate preacher. He believed that he had been given a mission from God, to which he was enlightened by his mother's death. He neither claimed nor disputed his own divinity, but many believed he was Christ returned from the dead, or at least a prophet, and called him "the Christ of Elqui."

Nicanor Parra, after deciding to have this exceptional figure speak his lines, spent over three years composing the *Sermones y prédicas del Cristo de Elqui*. The work first appeared in 1977 and was reissued in 1979, followed shortly by *Nuevas sermones y prédicas*.

Throughout the *Sermones*, the character fits well the mold that the author intended for him. Guilelessly illogical, flagrantly contradictory, Parra's Christ of Elqui takes on an almost Groucho Marx personality, in the guise of a soapbox preacher who presents his own ideas of how the world ought to be, assuming the language of the Bible and ascending to the heights of poetry just long enough to snare the reader, only to bring him down to earth again with absurdity.

The effect is varied. The reader is left to wonder at times whether the lines should be interpreted in the antipoetic sense, or whether it might be the real Parra showing through. Concealed beneath the sackcloth of the "demented" charlatan, the antihero, with charming impertinence, compels the reader to believe everything he says, which is virtually impossible, since he cannot agree with himself.

Sermons and Homilies of the Christ of Elqui

—Y AHORA CON USTEDES
Nuestro Señor Jesucristo en persona
que después de 1977 años de religioso silencio
ha accedido gentilmente
a concurrir a nuestro programa gigante de Semana Santa
para hacer las delicias de grandes y chicos
con sus ocurrencias sabias y oportunas
N. S. J. no necesita presentación
es conocido en el mundo entero
baste recordar su gloriosa muerte en la cruz
seguida de una resurrección no menos espectacular:
un aplauso para N. S. J.

                                                           (aplausos)

—Gracias por los aplausos
a pesar de que no son para mí
soy ignorante pero no cretino
hay algunos señores locutores
que se suelen pasar de la raya
por arrancar un aplauso barato
pero yo los perdono
por tratarse de bromas inocentes
aunque no debería ser así
la seriedad es superior a la chunga
sobre todo tratándose del evangelio
que se rían de mí perfectamente
ésta no sería la primera vez
pero no de N. S. J.
el respetable público dirá.

                                                           (Aplausos)

—AND NOW AMONG US IN THE FLESH
Our Lord and Savior Jesus Christ alive in person
who after 1,977 years of religious silence
has kindly condescended
to attend our spectacular Easter Services
to delight grown-ups and children alike
with wise and timely witticisms
O. L. J. C. needs no introduction
being well known throughout the world
one need only speak of his glorious death on the cross
followed by his no less spectacular resurrection
Let's give a big hand to O. L. J. C.!

                                                    (applause)

—Thank you for that applause
even though I know it's not for me
I may be ignorant but I'm no idiot
there are certain public speakers
who will stoop to any depth
to drum up a little cheap applause
but I forgive them
I realize it's innocent and all in fun
but they shouldn't do these things
sobriety is superior to jest
especially when it comes to the gospel
let any mock or laugh at me who want to
it won't be the first time
but never at O. L. J. C.
I leave the last word to you.

                                                    (Applause)

I

A pesar de que vengo preparado
realmente no sé por dónde empezar
empezaré sácandome las gafas
esta barba no crean que es postiza
22 años que no me la corto
como tampoco me corto las uñas
o sea que cumplí la palabra empeñada
más allá de la fecha convenida
puesto que la manda fue sólo por veinte
no me he cortado barba ni uñas
solamente las uñas de los pies
en honor a mi madre idolatrada
pero por las que tuve que pasar
humillaciones calumnias desprecios
siendo que yo no molestaba a nadie
sólo cumplía la sagrada promesa
que hice cuando ella murió
no cortarme la barba ni las uñas
por un lapso de veinte años
en homenaje a su sagrada memoria
renunciar a la vestimenta común
y reemplazar por un humilde sayal
ahora les revelaré mi secreto
la penitencia ya se cumplió
pronto me podrán ver
nuevamente vestido de civil.

I

Although I came prepared to speak to you
I really don't know where I should begin
I'll start by taking off my glasses
if you think this beard is false it isn't
I haven't cut it for 22 years
for the same reason that I don't cut my nails
to fulfill a sacred vow
going further than necessary
since the pledge was only set for twenty
I haven't cut my beard or my nails
except for my toenails
in honor of my sainted mother
just because of that I've had to suffer
indignities scorn and humiliation
although I wasn't bothering anyone
only keeping a sacred promise
made the day my mother died
not to cut my beard or my nails
for a period of twenty years
paying homage to that sacred memory
and to renounce the wearing of common clothing
replacing it with this humble sackcloth
Now I can tell you my secret
the penance finally over and done with
soon you'll be able to see me
in plain clothes again.

II

El 5 de febrero de 1927
me encontraba trabajando en el norte
como oficial de maestro albañil
a las órdenes de una firma norteamericana
deseoso de juntar un poco de plata
para ayudar a mis progenitores
que estaban en pésima situación
ella postrada en cama
y mi pobre viejo cesante
cuando oigo mi nombre por el altoparlante
sentí que se me helaba la sangre en las venas
a pesar de que hacía un calor espantoso
naturalmente sospeché lo peor
y por desgracia no me equivoqué
Cómo me sentiría de confundido
que en un primer momento me reí
no podía dar crédito a mis ojos
imposible Dios mío—no puede ser
en mi desesperación hice añicos el telegrama
y cuando recuperé la razón
me senté en una piedra a llorar como un niño
olvidando que ya era un hombre hecho y derecho.

II

On 5 February 1927
I happened to be working in the North
as a construction foreman
for a North American firm
I wanted to save a little money
so I could help my progenitors
who were really in a bad way
my mother bedridden
my poor old daddy dying
suddenly I heard my name on the loudspeaker
I felt the blood grow cold in my veins
even though it was a dreadfully hot day
naturally I suspected the worst
sorry to say I wasn't wrong about that
I was so confused by everything
that at first I started laughing hysterically
I couldn't believe my eyes when I saw the telegram
impossible—my God—it can't be
in that wild state I tore it into confetti
when I finally came to my senses
I sat down on a rock and cried like a child
forgetting that I was grown up and ought to know better.

III

Al verme vestido con este humilde sayal
hasta los sacerdotes se mofaron de mí
ellos que debieran dar el ejemplo
por algo son los representantes de Dios en la tierra
estoy absolutamente seguro
que El no se hubiera burlado
todo fue en homenaje de una madre
cómo iba a hacer otra cosa
mientras ella dormía el sueño eterno
imaginen el hijo divirtiéndose
con mujeres de dudosa reputación
hubiera sido una traición sin nombre
tomando en cuenta que fui hijo único
hombre y no dios como creen algunos.

III

Everybody who sees me dressed in this humble sackcloth
starts poking fun at me even the priests
and that's terrible—they're supposed to be examples
aren't they representatives of God on earth
I am absolutely positive
that He wouldn't have mocked me
it was all in honor of a sainted mother
how could I have done otherwise
imagine if her son were out there living it up
cavorting around with women of ill repute
while she was sleeping the eternal sleep
that would have been the worst kind of treachery
when you consider that I was her only child
a man, not a god, as some believe.

IV

No se diga que soy un pordiosero
quién no sabe cómo me he ganado la vida
en estos 20 años que duró mi promesa
giras al sur y norte del país
como también a los países limítrofes
predicando mis sanos pensamientos
en beneficio de la Humanidad
aunque los cuerdos me tildaran de loco
cientos de conferencias en cárceles y hospitales
en Asilos de Ancianos
en Sociedades de Socorros Mutuos
Yo no nací para glorificarme a mí mismo
nací para ayudar a mis semejantes
en especial a las almas en pena
sin distinción de clases sociales
ya se trate de enfermos desahuciados
o de personas de escasos recursos
sin aceptar jamás una limosna
ha sido un cuento de nunca acabar
humillaciones burlas risotadas
al verme vestido con un humilde sayal
hubo semanas meses años bisiestos
que no encontraba en donde dormir
nadie quería darme alojamiento
yo ganaba bastante dinero
con la venta de mis modestos libritos
(hasta la fecha llevo publicados 18)
más que suficiente para pagar un hotel
y sin embargo se me rechazaba
so pretexto de esto o de lo otro
aunque pagara el doble o el triple de la tarifa
A no mediar el Cuerpo de Carabineros de Chile
yo no sé qué hubiera sido de mí.

IV

Never let it be said that I'm a beggar
everyone knows how I've supported myself
in the 20 years that I've kept my vow
on foot from the north to the south of this country
and also in the neighboring countries
preaching my wholesome and wise cogitations
for the good of Mankind
being labeled a looney by sensible folks
yet I've held hundreds of lectures in jails and hospitals
in rest homes
at meetings of Mutual Aid Societies
I wasn't born to glorify myself
I was born to help my fellowman
especially those souls in distress
showing no distinction of social class
even in cases of terminal illness
or people who had almost nowhere to turn
I've never taken a dime for what I've done
if I told it all it'd be an endless story
mockery humiliation and horselaughter
seeing me dressed in this humble sackcloth
there were weeks months years leap years
when I couldn't find a place to lay my head
nobody offered me so much as a bed for the night
but I was earning enough to live on
from the publication of my modest writings
(right now it comes to about 18 books)
I made enough to pay for the hotel
and even then they'd always turn me away
for some pretext or other
even though I offered double or triple rates
if it hadn't been for the Chilean Police
I don't know what would have become of me.

V

Una vez un beodo
tuvo la osadía de llegar a tocarme la barba
pero triunfó la fuerza de voluntad
puesto que yo me mantuve impertérrito
no se movió ni un músculo de mi rostro
y el agresor tuvo que retirarse
sin saborear el fruto de su ofensa
él esperaba que yo me diera por ofendido
para poder reírse a sus anchas
por eso es que yo digo en mis conferencias
que la virtud debe estar por encima de todo
para que nadie sufra injustamente
seriedad y paciencia ante todo.

V

One time a drunk
had the gall to come up and touch my beard
but I won out by sheer force of will
believe it or not I stayed perfectly still
not a muscle in my face so much as twitched
my adversary had to back away
without tasting the fruits of his insult
he was hoping I would turn tail
so he could laugh himself into a fit
this is why I say in all my sermons
to put virtue before everything else
so that no one need suffer unjustly
sobriety and patience in all things.

VI

Unos poquitos consejos de carácter práctico:
levantarse temprano
desayuno lo más liviano posible
basta con una taza de agua caliente
que el zapato no sea muy estrecho
nada de calcetines ni sombrero
carne dos o tres veces por semana
vegetariano soy pero no tanto
no cometan el error de comer marisco
todo lo proveniente del mar es veneno
no matar un pájaro sino en caso de extrema necesidad
evitemos las bebidas espirituosas
una copa al almuerzo suficiente
siesta de 15 minutos máximo
basta con la pérdida de la conciencia
hace mal dormir demasiado
no retener el aire en el estómago
porque se puede romper una tripa
abstinencia sexual en Semana Santa
zahumerio cada 15 días
ropa interior absolutamente blanca
salvo cuando se muere la madre
dada la gravedad extrema del caso
recomiéndase luto riguroso
cuando a mí me tocó pasar por esa experiencia traumática
que no se la doy ni a mi peor enemigo
decidí vestirme totalmente de negro
tanto por fuera como por dentro
cosa que hago hasta el día de hoy
a 20 años de esa fecha fatídica.

VI

A few practical words of advice:
get up early
breakfast as lightly as possible
a cup of hot water should be sufficient
you don't want your shoes to fit too tightly
never mind about socks or a hat
meat two or three times a week
I am a vegetarian but not to excess
whatever you do don't eat oysters
all that stuff that comes out of the sea is poison
never kill a bird except when you have to
let us avoid strong spirits
one glass at lunchtime is sufficient
naps should be kept to fifteen minutes at most
as long as you lose consciousness that's enough
it's not good for you to sleep too much
Never let gas stay on the stomach
there's a risk of rupturing the bowels
sexual abstinence during Holy Week
purification every fifteen days
underwear should be faultlessly white
except of course when one's mother dies
given the extreme gravity of the case
I recommend rigorous mourning
when I passed through that traumatic time
an experience that I wouldn't wish on my worst enemy
I decided to dress completely in black
from inside out
which I have done until this very day
twenty years past that fateful date.

VII

Los maridos debieran seguir un curso por correspondencia
si no se atreven a hacerlo personalmente
sobre los órganos genitales de la mujer
hay una gran ignorancia al respecto
quién podría decirme por ejemplo
qué diferencia hay entre vulva y vagina
si embargo se consideran con derecho a casarse
como si fueran expertos en la materia
resultado: problemas conyugales
adulterio calumnias separación
¿y cómo quedan esos pobres hijos?

VIII

Yo soy más yerbatero que mago
no resuelvo problemas insolubles
yo mejoro yo calmo los nervios
hago salir al demonio del cuerpo
donde pongo la mano pongo el codo
pero no resucito cadáveres putrefactos
el arte excelso de la resurrección
es exclusividad del divino maestro.

VII

Husbands should take a correspondence course
if they aren't brave enough to learn firsthand
about the genital organs of a woman
there is serious ignorance in that area
for instance who among you can tell me
the difference between the vulva and vagina
even so they think they have the right
to marry as if they were experts in the matter
results: marital difficulties
adultery—scandal—separation
and what about the poor innocent children?

VIII

I'm really more of an herb doctor than a wizard
I don't claim to solve unsolvable problems
instead I cure I calm the troubled spirit
I can expel a demon from a body
where I lay my hand it goes in up to the elbow
but I don't raise up rotten cadavers
the whole sublime art of resurrection
I leave exclusively to the Divine Master.

IX

Ahora que ya revelé mi secreto
quisiera despedirme de todos ustedes
en total armonía conmigo mismo
con un abrazo bien apretado
por haber llevado a feliz término
la misión que el Señor me encomendó
cuando se me apareció en sueños
hace la miseria de 22 años
juro que no le guardo rencor a nadie
ni siquiera a los que pusieron en duda mi virilidad
sepan esos reverendos señores
que soy un hombre totalmente normal
y perdonen si me he expresado en lengua vulgar
es que esa es la lengua de la gente.

X

Cuando mi madrecita dejó de existir
hice la firme resolución
de no dejarme vencer por la ira
y pagar insolencia con bondad
ironía con dulzura cristiana
arrogancia con humildad de cordero
por ignominiosa que fuera la provocación
aunque confieso que más de una vez estuve a punto
de rebelarme contra el Creador
por permitir tamañas tropelías.

IX

Now that I've told my secret
I'd like to take my leave of all of you
with a hearty hug and handshake all around
being in total harmony with myself
now that I've successfully brought to a close
the mission the Lord commended unto me
when he appeared to me in dreams
22 miserable years ago
I swear I bear no malice to anyone
not even those who cast doubts on my manhood
let it be known to those reverent gentlemen
that I'm every inch a man completely normal
begging pardon for speaking in vulgar terms
because this is the language of the people.

X

After my poor mother gave up the ghost
I made a firm resolution
not to let myself be overcome with anger
to answer insolence with kindness
sarcasm with Christian sweetness
arrogance with the humility of a ewe
no matter how extreme the provocation
although I confess I was sometimes at the point
of rebellion against the Creator
for such outrageous injustice as he allows.

XI

Un agregado de última hora:
tan pronto como se me apareció el Señor
tomé un lápiz y una máquina de escribir
y me puse a redactar mis prédicas
en el mejor castellano posible
no sin antes haberme retirado al desierto
por un lapso de 7 años consecutivos
claro que sin la menor vanidad
a pesar de que soy un analfabeto
nunca pisé la puerta de una escuela
mi papá fue más pobre que la rata
por no decir otra cosa peor
Distinguidos lectores: en estos momentos
os estoy escribiendo en una enorme máquina de escribir
desde el escritorio de una casa particular
eso sí que ya no vestido de Cristo
sino que de ciudadano vulgar y corriente
y les pido con gran humildad
léanme con un poquito de cariño
yo soy un hombre sediendo de amor
y muchas gracias por la atención dispensada.

XI

A final word here at the last minute:
as soon as the Lord appeared unto me
I took my pencil and paper and typewriter
and started in setting down my sermons
in the best Castilian grammar possible
not without first having gone out into the desert
for a period of 7 consecutive years
I say all this without the least vanity
in spite of the fact that I'm illiterate
I've never so much as stepped inside a school
my daddy was poorer than a churchmouse
for want of a better way to say it
distinguished readers: at this very moment
I am seated before an enormous typewriter
at a desk in a private home
now no longer wearing a Christ costume
but dressed like a common ordinary citizen
I beg of you in all humility
read me with a little kindness in your hearts
bearing in mind I'm a man thirsting for love
and thank you very much for your kind attention.

XII

Palabra que da lástima
ver a gente que podría viajar
en vapor en avión en lo que sea
morir sin pena ni gloria
en el mismo lugar en que nació
viendo siempre las mismas caras
enjauladas en el mismo paisaje
como si no tuvieran un cobre
en circunstancias de que nadan en plata
yo que he viajado a lo largo de todo Chile
sin disponer de otra fuente de entradas
que lo que gano con el sudor de mi frente
me pregunto por qué no viajarán
¿hay algo más interesante en el mundo?
sobre todo en un país como el nuestro
que tiene fama de ser tan hermoso
vayan a una oficina salitrera
donde yo trabajé en mi juventud
antes que falleciera mi madrecita
a diluiros en la inmensidad del desierto
a gozar de sus atardeceres maravillosos
créanme que parecen
verdaderas auroras boreales
o visiten la región de los lagos
es cuestión de acercarse a un teléfono público
si no se dispone de teléfono en casa
y reservar pasaje de ida y vuelta
no me explico por qué viaja tan poco la gente
debe ser por razones personales
o por motivos de fuerza mayor
y en ese caso prefiero quedarme callado.

XII

The most pitiful thing that I can imagine
is to see people well and able to travel about
in boats cars planes or trains or whatever
going toward their graves without grief or glory
in the very same spot they were born in
seeing the same old faces every day
taking in the same old scenery
as if they hadn't a penny to their names
when the truth is they're out there rolling in dough
I who have traveled the length and breadth of Chile
without depending on any source of income
beyond what I earn by the sweat of my brow
I ask myself why they don't go anywhere
is there anything more interesting in the world?
especially in a country like our own
world famous for its beauty
why only visit the office of the nitrate companies
where I used to work when I was young
before my poor old mother passed away
go immerse yourselves in the immensity of the desert
and drink in the marvels of its twilights
believe me you're going to think
it's a real aurora borealis
or go pay a visit to the lakes
it's just a matter of finding a public phone
if you don't happen to have one in your home
and getting yourself a round-trip reservation
I can't understand why people don't travel
there must be personal reasons
or reasons connected with the Powers That Be
and in that case I'll have to keep my mouth shut.

XIII

La actualidad no tiene remedio
cuántos son los que invocan a la Virgen María
con palabras destinadas al Padre:
Padre nuestro que estás en el cielo...
ignorancia o descuido digo yo
o se dirigen erróneamente al Hijo
como si se tratara de la Madre:
Dios te salve María—llena eres de gracia
despropósito grande ciertamente
por no decir otra cosa peor:
la Torre de Babel queda pálida
¡cómo se reirá el Espíritu Santo!

XIV

Mentes que sólo pueden funcionar
a partir de los datos de los sentidos
han ideado un cielo zoomórfico
sin estructura propia
simple transposición de la fauna terrestre
donde pululan ángeles y querubines
como si fueran aves de corral
¡inaceptable desde todo punto de vista!
yo sospecho que el cielo se parece más
a un tratado de lógica simbólica
que a una exposición de animales.

XIII

There's no solution for what goes on in the world
how many are there who pray to the Virgin Mary
with words meant for the Father:
Our Father who art in heaven . . .
ignorance or sheer neglect is what I call it
or they erroneously address the Son
when really it concerns the Holy Mother:
Hail Mary full of grace
certainly a great absurdity
for want of a better way to say it:
how the Tower of Babel must blanche
how the Holy Spirit must roar with laughter!

XIV

Minds that are able to function
only on the sensuous level
have visions of a zoomorphic heaven
without a structure of its own
a mere transposition of terrestrial fauna
with cherubim and angels flapping about
like poultry in a barnyard
unacceptable from any point of view!
I suspect that heaven is more like
a text on symbolic logic
more likely that than an animal exhibit.

XV

"Recen por mí"—dicen algunos católicos
"yo no tengo tiempo para rezar
tengo que ir a un baile de máscaras
a la vuelta les doy una propina"
A esos hay que pararlos en seco:
lo mejor es denunciarlos al cura párroco
para que él los ponga en su lugar.

XVI

A mí me parece evidente
que religión y lógica a la larga
vienen a ser prácticamente lo mismo
se debiera sumar
como quien reza un ave maría
se debiera rezar
como quien efectúa una operación matemática
oraciones y ruegos claro que sí
ceremonias diabólicas nó
humillémonos ante el grandioso
para que no se ría Satanás.

XVII

Hay algunos sacerdotes descriteriados
que se presentan a decir misa
luciendo unas enormes ojeras artificiales
y por qué no decirlo francamente
con los cachetes y labios pintados
Su Santidad debiera tomar nota.

XV

"Say a prayer for me," some Catholics say
"I don't have time to pray myself
I'm on my way to a costume party.
When I get back I'll pay you for it."
Those kinds you need to stop cold in their tracks
it's best to turn them over to the parish priest
leave it to him to put them in their place.

XVI

It seems perfectly evident to me
that religion and logic in the long run
have come to mean practically the same thing
addition ought to be
like saying a Hail Mary
praying ought to be
like solving an equation
prayers and petitions, of course
diabolical ceremonies, no
we should humble ourselves before the sublime
so that Satan won't laugh.

XVII

There are certain despicable priests
who present themselves to say mass
wearing gaudy eyeshadow
and—I might as well speak frankly—
makeup all over their cheeks and lips
His Holiness should take note of this.

XVIII

En el conflicto ya milenario
que amenaza con una nueva división a la Iglesia de Cristo
yo me declaro fundamentalista:
me pronuncio por la plegaria mental
soy enemigo de la plegaria verbal
a pesar de no tener velas en ese entierro
puesto que soy un libre pensador.

XIX

El sacerdote no debe reírse nunca
qué quedaría para el sacristán
es por eso que no me canso de repetir
in manus tuas commendo spiritum meum
hágase tu voluntad yo no la mía.

XX

En la realidad no hay adjectivos
ni conjunciones ni preposiciones
¿quién ha visto jamás una Y
fuera de la Gramática de Bello?
en la realidad hay sólo acciones y cosas
un hombre bailando con una mujer
una mujer amamantando a su nene
un funeral—un árbol—una vaca
la interjección la pone el sujeto
el adverbio lo pone el profesor
y el verbo ser es una alucinación del filósofo.

XVIII

In the premillennial conflict
that threatens Christ's Church with a new schism
I declare myself a fundamentalist:
I wave the banner of silent prayer
I am an enemy of public prayer
although it's really none of my concern
since I'm a liberal in my way of thinking.

XIX

The priest should never laugh on any occasion
what would be left for the sexton to do?
This is why I never get tired of saying
in manus tuas commendo spiritum meum
not my will but thine be done.

XX

Actually there are no adjectives
conjunctions interjections or prepositions
who for instance has ever seen an *and*
outside of Bello's Complete Spanish Grammar?
Actually there are only acts and objects
a man dancing with a woman
a woman giving titty to her baby
a funeral—a tree—a cow
it's the subject that imposes the interjection
it's the professor that imposes the adverb
and the verb *to be* is only a philosopher's hallucination.

XXI

Soy un convencido 100%
que el acto sexual enfría el espíritu
razón por la cual me mantengo soltero
en esto sí que soy intransigente
sacerdote que rompe el voto de castidad
es un candidato seguro al infierno
por la misma razón
es que condeno con todas mis fuerzas
la teoría y la práctica de la masturbación
sé de muchos curitas depravados
que la practican ante el espejo
los compadezco pero me dan asco
si no tienen control sobre sí mismos
deberían colgar la sotana.

XXII

Los sacerdotes deben aprender a cantar
un sacerdote mudo no convence
eso sí que como reza San Agustín
en el canto eclesiástico
no se permite la expresión personal
la voz no debe superar al verbo
puesto que el fin es el contacto con Dios
y no con un artista de las cuerdas vocales.

XXI

I am thoroughly convinced 100%
that sex cools the spiritual ardor
that is why I remain a bachelor
I stand absolutely firm on this
a priest who breaks the vow of chastity
is a surefire candidate for hell
and for that same reason
I condemn with all my authority
the theory and practice of masturbation
I know there are certain depraved priests
who indulge in this practice in front of the mirror
I sympathize with them but they disgust me
if they have this little control over themselves
they should hang up their hoods.

XXII

I maintain that priests should learn to sing
a mute priest could never convince anyone
but it should be like the mass of Saint Augustine
in the ecclesiastical canto
personal expression is not permitted:
the voice should never supersede the word
the idea is of course to make contact
with God, not with a vocal artist.

XXIII

Y éstos son los desafíos del Cristo de Elqui:
que levanten la mano los valientes:
a que nadie se atreve
a tomarse una copa de agua bendita
a que nadie es capaz
de comulgar sin previa confesión
a que nadie se atreve
a fumarse un cigarro de rodillas
¡gallinas cluecas—gallinas cluecas!
a que nadie es capaz
de arrancarle una hoja a la biblia
ya que el papel higiénico se acabó
a ver a ver a que nadie se atreve
a escupir la bandera chilena
primero tendría que escupir mi cadáver
apuesto mi cabeza
a que nadie se ríe como yo
cuando los filisteos lo torturan.

XXIII

Now hear the challenges of the Christ of Elqui:
raise your hands if you think you're brave enough
if there's anybody who dares
to drink a cup of holy water
if anybody has the guts
to take communion without confession
if there's anybody brave enough
to smoke a cigarette on his knees
chickens! spineless yellowbellies!
I'll bet not one of you has the guts
to yank a page out of the Holy Bible
when you run out of toilet paper
See? See? I'll bet nobody would dare
to go up and spit on the Chilean flag
you'd have to spit on my dead body first
and I'll bet my head
that nobody would laugh the way I would
while being tortured by the Philistines.

XXIV

Cuando los españoles llegaron a Chile
se encontraron con la sorpresa
de que aquí no había oro ni plata
nieve y trumao sí: trumao y nieve
nada que valiera la pena
los alimentos eran escasos
y continúan siéndolo dirán ustedes
es lo que yo quería subrayar
el pueblo chileno tiene hambre
sé que por pronunciar esta frase
puedo ir a parar a Pisagua
pero el incorruptible Cristo de Elqui no puede tener
otra razón de ser que la verdad
el general Ibáñez me perdone
en Chile no se respetan los derechos humanos
aquí no existe libertad de prensa
aquí mandan los multimillonarios
el gallinero está a cargo del zorro
claro que yo les voy a pedir que me digan
en qué país se respetan los derechos humanos.

XXV

Todas las profesiones se reducen a una
hay quienes dicen somos profesores
somos embajadores somos sastres
y la verdad es que son sacerdotes
sacerdotes vestidos o desnudos
sacerdotes enfermos o sanos
sacerdotes en acto de servicio
Hasta el que limpia las alcantarillas
es indudablemente sacerdote
esé es más sacerdote que nadie.

XXIV

When the Spaniards arrived in Chile
they found to their surprise
there was neither gold nor silver here
snow and sludge yes, sludge and snow,
nothing that was even worth the trouble
food was scarce
still is some of you might say
which is what I have tried to emphasize
the Chilean people are hungry
I know that for saying that
I could be sent to Pisagua
but the incorruptible Christ of Elqui has no reason to exist
except to tell the truth
may General Ibáñez forgive me
in Chile they don't respect human rights
freedom of the press does not exist here
the multimillionaires run everything here
the fox is in charge of the henhouse
but I wish somebody would tell me
in what country they do respect human rights.

XXV

All professions can be reduced to one:
there may be those who call themselves professors
some who call themselves ambassadors or tailors
but actually they're all no more than priests
priests with clothes, naked priests,
sick priests healthy priests
all priests performing acts of service
Down to the one who cleans the toilet bowls
that one is undoubtedly a priest
more of a priest in fact than all the others.

XXVI

Resumiendo la cosa
al tomar una hoja por una hoja
al tomar una rama por una rama
al confundir un bosque con un bosque
nos estamos comportando frívolamente
esta es la quinta-esencia de mi doctrina
felizmente ya comienzan a vislumbrarse
los contornos exactos de las cosas
y las nubes se ve que no son nubes
y los ríos se ve que no son ríos
y las rocas se ve que no son rocas
son altares
        ¡son cúpulas!
            ¡son columnas!
y nosotros debemos decir misa.

XXVI

To sum it all up
to mistake a leaf for a leaf
to mistake a branch for a branch
to confuse a forest with a forest
is to be a fool
this is the quintessence of my doctrine
you're starting to get the hang of it, happily
things are becoming clear to you
now you can see that clouds are not clouds
rivers are not rivers
rocks are not rocks
they're altars!
        columns!
                domes!
it's time to say mass.

XXVII

Ahora que puse las cosas en su lugar
explicando con lujo de detalles
el por qué el cuándo y el cómo
de mi presentación personal
a lo largo de estos 22 años interminables
confío de todo corazón
que no se seguirá tomando el rábano por las hojas
no soy chino ni árabe ni mapuche
como me lo dijeron en mi cara
los llamados doctores de la ley
cuando desembarqué en la Estación Mapocho
procedente del norte del país
a fines de 1929
decidido a radicarme en la capital
sin sospechar que ahí comenzaría mi vía crucis:
soy un hijo que sabe lo que es madre
soy un soldado raso más humilde que el yuyo
más sufrido que el tiuque
más chileno que el mote con huesillos.

XXVII

Now that I've put things in their proper perspective
explaining all the details with elegance
the how the when and the wherefore
of my personal appearance
at the end of 22 interminable years
I'm convinced in my heart
that you'll not get off the track again
I'm not a Chinaman Arab or Mapuche
as they told me to my face I was
those so-called doctors of law
when I got off the train in the Mapocho station
on my way down from the North
at the end of 1929
my mind was made up to settle in the capital
not realizing my way of the cross would start here
I'm a son who knows the meaning of the word *mother*
a plain soldier humbler than a weed
more patient than a bird of prey
more Chilean than stewed corn with peaches.

XXVIII

Respetemos las luces del tráfico
cuántas desgracias no se producen en nuestro país
por no respetar las luces del tráfico
cientos o miles de accidentes al año
muchos de los cuales podrían evitarse perfectamente
con un poquito de espíritu práctico
qué les cuesta detener el vehículo
basta frenar en vez de acelerar
las luces rojas se ven desde lejos
nadie puede decir que no la vio
lo que falta al común de los mortales
es un poco de buena voluntad:
arrodillémonos como buenos chilenos
a rezar por las víctimas inocentes
que provoca la negligencia culpable
de conductores ebrios o neuróticos
y comprometámonos ante el Altísimo
a no violar jamás el Reglamento del Tránsito
quien apurado vive apurado muere
por no perder una mínima parte
resultamos perdiéndolo todo.

XXVIII

We must all respect traffic lights
how much affliction is brought upon this land
from the simple lack of respect for traffic lights
hundreds and thousands of accidents each year
many of which could easily be avoided
with a little common sense
what's so hard about stopping your car
all it takes is braking instead of speeding up
red lights are clearly visible at a distance
no one can claim he didn't see one
what all mortals have in common
is a lack of good will
let us all kneel like good Chileans
and pray for those poor innocent victims
the product of the irresponsibility
of some drunken driver
let us promise to the Most High
never again to break a traffic law
He who lives in a hurry shall die in a hurry
better to lose a part
than that the whole should perish

XXIX

Un consejo de buena voluntad:
NO CORTARLES LAS ALAS A LAS GALLINAS
ellas también tienen derecho a volar
hay algunas señoras dueñas de casa
que practican ese deporte diabólico
preferible perder una gallina
a cometer la imperdonable torpeza
de creernos capaces
de enmendarle la plana al Creador:
si El en su infinita sabiduría
acordó provisionarlas de alas
alguna razón poderosa debió tener
aunque a nosotros nos parezca ridículo.

XXIX

A little friendly advice:
DON'T CLIP THE WINGS OF YOUR CHICKENS
they have as much right to fly as anyone
certain housewives
indulge in this diabolic practice
it is better to lose a chicken
than commit the unpardonable sin
of believing ourselves capable
of improving on the plan of the Creator
if He in his infinite wisdom
provided them with wings
he must have had a powerfully good reason
even if it seems ridiculous to us.

XXX

Pierden su tiempo miserablemente
los improvisados teólogos de pacotilla
que me llaman el Cristo de Elqui
impresionados por mi aspecto exterior
algo que yo no tragaré jamás
tendría que estar malo de la cabeza:
de que arrastro mi cruz no cabe duda
por el hecho de ser un ser humano
más pesada tal vez que las demás
ustedes saben a qué me refiero
sé que lo hacen por reírse de mí
pero no me perturban en absoluto
con igual fundamento
pueden decir que soy Napoleón Bonaparte
Pedro Urdemales o Perico de los Palotes
valga la explicación en todo caso:
de acuerdo a sus propias palabras
que yo no tengo por qué poner en tela de juicio
—quién soy yo para andar en esos trotes—
el verdadero Cristo es lo que es
en cambio yo qué soy: lo que no soy.

XXX

Those trumped-up quack theologians
are wasting their precious breath
calling me Christ of Elqui
just because of my outward appearance
they can't fool me
I'd have to be sick in the head to swallow that
oh I'm carrying a cross all right
just being human
Mine is a little heavier than most I admit
you all know what I'm talking about
I know they do it just to make fun of me
it doesn't bother me one whit
they might as well
call me Napoleon Bonaparte
Pedro Urdemales or Peter Piper
It calls for an explanation in any case
by their very words
who am I to pass judgment on their claims
I haven't the right to dispute them
the true Christ is what he is
on the other hand what am I: what I am not.

XXXI

Creo no equivocarme
cuando digo que soy un desdichado
un peso muerto para la sociedad
una especie de Caja de Pandora
nada me satisface plenamente
el sagrado recuerdo de mi madre
no me deja pensar en otra cosa
llena todo el ámbito de mi espíritu
no gano nada con levantarme temprano
o con dormir 48 horas consecutivas
cuando me dan los monos
y eso puede ocurrir en cualquier momento
no soy capaz ni de leer el diario
si no fuera por esta enfermedad
hubiera sido lo que hubiera querido
comerciante político sacerdote
militar o marino por qué no
soy tan chileno como cualquier otro
a pesar de que en lo más íntimo de mi corazón
el oficio que más me satisface
es el oficio de maestro albañil
¿hay algo más hermoso
que construirse la propia vivienda
como lo hacen los hermanos pájaros?
imposible señoras y señores
sin embargo yo tengo que esperar
puesto que todavía no se cumple la penitencia.

XXXI

I think I can say in all honesty
that I'm the most miserable of men
a dead weight on society
a sort of Pandora's box
nothing ever really satisfies me
the sacred memory of my mother
won't let me think of anything else
it fills me to the boundaries of my soul
it doesn't matter whether I get up early
or sleep for 48 hours straight
when everything goes haywire
something that can happen at any moment
I'm not fit even to read the paper
if it weren't for that
I could have been anything I wanted
businessman politician priest you name it
army or naval officer why not
I'm just as Chilean as anybody else
the best profession I can think of
is foreman of a construction company
can there by anything more beautiful
than building your own house
just like our little brothers the birds:
Impossible, ladies and gentlemen
anyway, I'll just have to wait
since my penance still isn't over.

XXXII

Quiénes son mis amigos
los enfermos
              los débiles
                            los pobres de espíritu
los que no tienen donde caerse muertos
los ancianos
              los niños
                          las madres solteras
-los estudiantes no porque son revoltosos-
los campesinos porque son humildes
los pescadores
                    porque me recuerdan
a los santos apóstoles de Cristo
los que no conocieron a su padre
los que perdieron como yo a su madre
los condenados a cadena perpetua
en las llamadas oficinas públicas
los humillados por sus propios hijos
los ofendidos por sus propias esposas
los araucanos
los postergados una y otra vez
los que no saben ni siquiera firmar
los panaderos
                  los sepultureros
amigos míos son
los soñadores—los idealistas
que entregaron su vida como El
en holocausto por un mundo mejor.

XXXII

Who are my friends
the sick
        the weak
                the poor in spirit
those with no place to fall down dead
the old people
        the babies
                the unwed mothers
—not students because they're rebellious—
country people because they're humble
fishermen
        because they remind me
of the apostles of Christ
those who don't know who their fathers are
those who, like me, have lost their mothers
those condemned to life in prison
in so-called public offices
those humiliated by their own sons
those insulted by their wives
the Araucanians
those who are put off time after time
those who can't write their names
the bakers
        the morticians
those are my friends
the dreamers
        the idealists
who have offered their lives in a Holocaust
as He did for a better world.

XXXIII

El error es una fuerza motriz
ay del humano que no ierra nunca!
si Colón no se hubiera equivocado
no existiría América del Sur
si no se hubiera equivocado Hitler
no existiría América del Norte
si no se hubiera equivocado Mahoma
todos ahora seríamos musulmanes.

XXXIV

Ustedes habrán oído decir
que los españoles pronuncian las palabras inglesas
no como se pronuncian sino como se escriben
infracción increíble pero cierta

hay que ser español para tomar
a Cristóbal Colón por un iluso
a Isabel la Católica por una bruja
al Nuevo Mundo por las Indias Occidentales

como si yo tomara
al Escorial por Felipe II
al Santo Padre por la Inquisición
a Satanás por el Espíritu Santo

pampiroladas de la Madre Patria.

XXXIII

Mistakes make things happen
oh for the human who never makes a mistake!
If Columbus had not screwed up
South America would not exist
if Hitler had not screwed up
North America would not exist
if Mohammed had not screwed up
we would all be Muslim.

XXXIV

You may have heard it said
that Spaniards pronounce English words
not as they are pronounced but as they are spelled
incredible but true

you'd have to be a Spaniard to mistake
Christopher Columbus for a crazy dreamer
Isabella the Catholic for a witch
the New World for the West Indies

as if I would mistake
the Escorial for Philip II
the Holy Father for the Inquisition
Satan for the Holy Spirit

Tomfooleries of the Mother Country.

XXXV

Ultima vez que repito lo mismo
ruego a todos los niños de Chile
que no me confundan con el Viejito Pascuero
no me escriban pidiéndome regalos
—yo no soy fabricante de juguetes—
bueno es el cilantro pero no tanto
y a los adultos les digo una cosa
yo no ando pidiendo limosna
no me confundan con un pordiosero
yo me gano mi vida honradamente
no necesito óbolos de nadie:
los sofistas enseñan por dinero.

XXXVI

Yo no sé qué pretenden estos señores
¿alguien va a querer sentar a su mesa
a un vagabundo sucio y andrajoso
para que no lo tilden de momio?
¿o compartir el tálamo nupcial?
¡el 32 de diciembre de mil novecientos nunca!
eso yo no lo llamo socialismo
promiscuidad es el nombre que tiene
mucho cuidado con el concepto de socialismo
socializar todo lo socializable perfecto!
pero no vamos a socializar el w.c.
sería como poner varios cadáveres en un mismo ataúd
en ese caso todos a la fosa común
y se acabaron los mausoleos de lujo

si realmente fueran socialistas
un monumento para cada mortal
o ningún monumento para nadie.

XXXV

For the last time I'm making a special plea
to the children of Chile
stop confusing me with Santa Claus
stop writing to ask for presents
I'm not a walking toy factory
There's a limit to what I can do
and to the grown-ups I'd like to say
I don't want charity
don't take me for a beggar
I earn an honest living
I don't need handouts from anybody:
a sophist gets paid for his teaching.

XXXVI

I don't understand some people
Would a man bring a filthy bum
to his own dinner table
just to keep from being called ungenerous
or worse yet share the marriage bed with one of them?
On the 32d of December of Nineteen Hundred and Never!
I don't call that socialism
promiscuity is a better word for it
you have to be careful when you talk about socialism
socialize the socializable that's fine!
but we don't want to socialize the toilet
It'd be like throwing a lot of bodies in the same coffin
Let's have a common grave for everybody
forget about fancy monuments

if they were true socialists
they'd have tombstones for everybody who died
or no tombstone for anybody.

XXXVII

La neurosis no es una enfermedad
es una concentración de energía psíquica
que debemos saber aprovechar
un neurótico bien administrado
rinde el doble o el triple que un sujeto normal
tomen el caso de Napoleón Bonaparte
de don Miguel de Cervantes Saavedra
de don Alonso de Ercilla y Zúñiga
de Cristóbal Colón
del portugués Hernando de Magallanes
el primero que dio la vuelta al mundo
y de tantos otros genios inconmensurables

quién va a poner en duda
la grandeza de todos estos hombres
y sin embargo todos eran neuróticos.

XXXVII

Neurosis is not a disease
it's a concentration of psychic energy
that we should be able to take advantage of
a well-managed neurotic
renders double or triple your average subject
just take Napoleon Bonaparte for instance
or Don Miguel de Cervantes Saavedra
or Don Alonso Ercilla y Zúñiga
or Christopher Columbus
or that Portuguese Fernando de Magellan
who first went around the world
and other geniuses too numerous to mention

nobody can question the greatness
of all these guys
and every one of them was a neurotic.

XXXVIII

Hay algunos charlatanes de sobremesa
que se burlan del todo y sus partes
como si el universo fuera un circo
no negaremos que nos hacen reir
pero no les creemos ni lo que rezan
en su locura llegan a decir
que no fue Dios quien nos creó a nosotros
sino nosotros quienes lo creamos a El
estupidez que no merece réplica
como si lo imperfecto
pudiera dar origen a lo perfecto
como si lo finito
dar origen pudiera a lo infinito
como si lo mortal
origen dar pudiera a lo inmortal

¡cuánto más razonable
cuánto más natural y consecuente
es la palabra de Nuestro Señor!

¿A quién creer amigos escépticos? . . .
¿A Mahoma?
 ¿a San Juan?
  ¿a Perico de los Palotes?
la pregunta carece de sentido
entre varios payasos y un profeta
creo que no hay por dónde equivocarse.

XXXVIII

There are certain after-dinner theologians
who ridicule everything and what goes with it
as if the universe were a circus
we don't deny that they're funny
but we mustn't listen to their doctrine
they suggest in their madness
that it wasn't God who created us
but we who created him
nonsense not even worth answering
as if the imperfect
could create the perfect
as if the infinite
could originate in the finite
as if the immortal
could arise from the mortal

how much more reasonable
how much more natural and logical
the word of our lord.

who are you going to believe my skeptical friends?
Mohammed?
        St. John?
                Peter Piper?
the question isn't even worth raising
between a bunch of clowns and a prophet
I don't see how anyone could be mistaken.

XXXIX

Soy un hombre sagrado tal vez
algo hay en mí que no hay en los demás
El ha querido ser benevolente conmigo
porque comprendo lo que es una madre
sin embargo me canso como cualquiera
me da hambre y como como cualquiera
tengo que ir a la casita como cualquiera
necesito limpiarme como cualquiera
nada hay en mí que no haya en los demás
soy un mortal vulgar y corriente
¡dónde está lo sagrado de mi ser!

XXXIX

Maybe I am a holy man
I've got something nobody else has
He has chosen to bless me
because I know the meaning of the word *mother*
just the same I get tired like anybody
I get hungry and eat like anybody
I have to go to the outhouse like anybody
I have to wipe myself like anybody
I haven't got anything anybody else hasn't
I'm just a common vulgar ordinary mortal
what is there holy about me?

XL

Nadie puede decir qué es un hombre
para su jefe puede ser un flojo
para su esposa puede ser un adúltero
para la ley un vulgar asesino:
¡él eligió su propia perdición!

¡asesino Dios Santo!
qué palabra más llena de odio
se debiera borrar del diccionario
felizmente Dios Santo
para la madre no hay nada de eso
lo purifica todo con su llanto
sueña con él cuando tenía 5 años
y lo ve manejando su triciclo
y después la Primera Comunión . . .
no lo verá jamás puñal en mano
no puede ser Dios Santo no puede ser
era bello de cuerpo y espíritu
nadie lo conoció mejor que yo
lo condenaron a la silla eléctrica
nadie accedió a cerrarle los ojos
quién va a cerrar los ojos de un asesino
¡que se queden abiertos para siempre!
ni Extrema Unción ni funeral alguno
nadie recuerda dónde está su tumba
pero ella que nunca dudó de él
lo seguirá llamando hijo querido.

XL

No one can really say what a man is
for his boss he might be a lazy goldbrick
for his wife he might be an adulterer
for the law he's a common murderer
he chose his own damnation!

a murderer Dear God
can there be a more hateful word
it ought to be deleted from the dictionary
happily Dear God
for his mother there is none of this
she purifies him with her sorrow
dreaming of him when he was five years old
she sees him riding around on his tricycle
and then the first communion
It can't be Dear God it can't be
he was beautiful in body and spirit
nobody knew him better than I did
they've condemned him to die in the electric chair
no one came forward to close his eyes
who would close the eyes of a murderer
let them stare forever!
no Extreme Unction no funeral
nobody remembers where his grave is
but she who never lost her faith in him
will go on calling him her beloved son.

XLI

Todo puede probarse con la Biblia
por ejemplo que Dios no existe
por ejemplo que el Diablo manda más
por ejemplo que Dios
es masculino y femenino a la vez
o que la Virgen era liviana de cascos
basta con conocer un poco el hebreo
para poder leerla en el original
e interpretarla como debe ser
es cuestión de análisis lógico

Tienen razón los amigos escépticos
todo puede probarse con la biblia
es cuestión de saberla barajar
es cuestión de saberla adulterar
es cuestión de saberla descuartizar
como quien descuartiza una gallina:
¡pongan otra docena de cervezas!

XLI

You can prove anything by the Bible
that God doesn't exist for example
that the Devil has greater power for example
that God for example
is male and female at the same time
or the Virgin was a flighty-headed featherbrain
all you need is to know a little Hebrew
so you can read it in the original
and interpret it correctly
it's all a question of logical analysis

Our friends the skeptics were right
you can prove anything by the Bible
it's a question of knowing how to shuffle the pages
it's a question of knowing how to adulterate it
it's a question of knowing how to cut it up
the way you cut up a chicken
let's have another round of beers!

XLII

La presencia del Espíritu Santo
se percibe con toda nitidez
en la mirada de un niño inocente
en un capullo que está por abrir
en un pájaro que se balancea sobre una rama

dificulto que alguien pueda poner en duda
la presencia del Espíritu Santo
en un pan recién sacado del horno
en un vaso de agua cristalina
en una ola que se estrella contra una roca

¡ciego de nacimiento tendría que ser!

hasta un ateo tiembla de emoción
ante una sementera que se inclina
bajo el peso de las espigas maduras
ante un bello caballo de carrera
ante un volkswagen último modelo

lo difícil es saber detectarlo
donde parecería que no está
en los lugares menos prestigiosos
en las actividades inferiores
en los momentos más desesperados

ahí falla el común de los mortales

quién podría decir que lo percibe
en los achaques de la ancianidad
en los afeites de las prostitutas
en las pupilas de los moribundos?

y sin embargo también está ahí
pues lo permea todo como el sodio
¡que lo digan los Padres de la Iglesia!

XLII

The presence of the Holy Spirit
can be perceived with clarity
in the eyes of an innocent child
a cocoon at the point of bursting
a bird perched on a branch

it's hard to believe that anyone could doubt
the presence of the Holy Spirit
in bread fresh from the oven
a glass of clear water
an ocean wave crashing against the rock

He'd have to be blind from birth!

even an atheist trembles
before a fallow field
bending with ripe ears
before a high-stepping racehorse
before a Volkswagen of the latest design

the hard part is knowing how to find it
in less prestigious places
where it wouldn't seem to be
in base activities
in moments of despair

therein lies the failure of most mortals

who can say he has ever seen it
in the lapses of old age
in the rouge of a whore
in the eyes of the dying

it is there nevertheless
soaking through everything like salt
may the Fathers of the Church affirm it

Arrodillémonos una vez más
en homenaje al Espíritu Santo
sin cuyo visto bueno nada nace ni crece
como tampoco muere en este mundo.

XLIII

Invulnerable es el sacerdote
en el instante en que levanta la hostia
Alguien sacó una vez un revólver
y disparó a boca de jarro contra el sacerdote
en el instante en que éste levantaba la hostia
con tan poco éxito
que el proyectil en vez de incrustarse
en la nuca del cura párroco
rebotó como pelota de tennis
y regresó a su punto de partida
pulverizando la mano del malhechor.

once more let us kneel
in homage to the Holy Spirit
without whose blessing nothing lives or grows
or even dies in this world.

XLIII

The priest is invulnerable
at the moment he gives communion
Once somebody took out a revolver
and shot it point blank at the priest
just at the moment he lifted up the wafer
the attempt was so unsuccessful
that when the bullet hit the priest's neck
it bounced off like a tennis ball
and flew back to its original point of departure
crushing the hand of the evildoer to a pulp.

XLIV

Pobre Cristo de Elqui dicen mis detractores
no podemos creer en su doctrina
no queremos ser pobres como él
no tiene más que un mísero par de sandalias
en este mundo hay que pasarlo bien
la pobreza es un signo de inferioridad
A mí se me enseñó
que ni el Padre ni el Hijo fueron ricos
—supongo que tampoco lo será el Espíritu Santo—
ni palacios ni fundos ni vehículos
ninguno de los Tres
necesita de bienes materiales
y no por eso dejan de ser Dios
al contrario verdad?
Es por esto que yo no me preocupo
cuando mis detractores me descalifican
por el hecho de tener una sola túnica
una sola camisa
un solo par de calzoncillos negros:
mientras más pobres
                    mientras más humildes
más nos pareceremos al Señor
Arrodillémonos esta vez
a rogar por el alma de los ricos:
Padre nuestro que estás en el cielo . . .

XLIV

Poor Christ of Elqui the scoffers say
we can't believe in his doctrine
we don't want to be poor like him
all he owns is a miserable pair of sandals
in this world you have to try to live well
poverty is a sign of inferiority
I've always been taught
that neither the Father nor the Son was rich
—I assume the Holy Spirit wouldn't be either—
they had no palaces property or vehicles
not one of the three of them
has any need for material things
but that didn't stop them from being God
quite the opposite, isn't it?
This is why I don't worry about it
when the scoffers defame me
just because I possess only one shirt to my name
a single tunic
a single suit of black underwear
the poorer we are
              the humbler we are
the greater in the eyes of the Lord
let us kneel then
to plead for the souls of the rich:
Our Father who art in heaven . . .

XLV

A medida que vayan cayendo las hojas del calendario
muchos cristos aparecerán en escena
de esto no quepa la menor duda
todos aficionados como yo
pero niguno Cristo de verdad
unos vendrán del norte del país
a predicar sus sanos pensamientos
otros vendrán del sur
sin mencionar a los que ya vinieron
entre los cuales me cuento yo mismo
que no soy otra cosa que uno más
un taumaturgo de menor cuantía
un charlatán como dicen algunos
un impostor que le tiene terror al trabajo

Si supieran del daño moral que me hacen
es para no creer nunca más en el prójimo
a veces me pregunto
para qué crestas me pariría mi madre
¡qué ganó con parir un desdichado!

XLV

As the pages of the calendar turn
many Christs will appear
there's no doubt at all about this
all amateurs like me
but no real Christ
some will come from the North
to preach their wise doctrines
some will come from the South
without a word about those who've already come
I count myself among them
I'm just one of many
a low-class miracle worker
some say a charlatan
an imposter who's afraid of working

if they only knew the moral harm they're doing me
it's enough to make you lose faith in your fellowman
sometimes I wonder
why did my mother conceive me?
what good did it do her to give birth to such a bum?

XLVI

Y ahora con ustedes
nuestra Sección Preguntas y Respuestas
—Señor Cristo de Elqui
qué piensa Ud.
de los trajes de baño de una pieza?
—No tengo nada contra la juventud
a condición de que no exageren la nota.
—Señor Cristo de Elqui
qué opinión le merece la Democracia Cristiana
—No tengo nada contra la Democracia Cristiana
a condición de que no exagere la nota
—Qué piensa usted de los concursos literarios
—La competencia no resuelve nada
pues no somos caballos de carrera
los condeno de todo corazón
en esto sí que soy intransigente
—Señor Cristo de Elqui
qué recomienda usted
autoritarismo o libre albedrío
—No sé qué responderle: en verdad en verdad
autoritarismo es sinónimo de represión
Qué porvenir le ve a la Revolución Cubana
—Caperucita Roja triunfará
—Señor Cristo de Elqui
tiene usted alguna opinión
acerca del escabroso tema de las perversiones sexuales?

—No tengo nada contra las perversiones sexuales
a condición de que no se exagere la nota
claro que yo propugno el amor platónico
—Nos podría aclarar ese concepto?
—El amor platónico llega hasta el beso en la frente
lo demás es trabajo del Demonio
—Qué piensa usted de los bailes de máscaras
—No tengo nada contra los bailes de máscaras
a condición de que no se exagere la nota

XLVI

And now we'd like to open up
our question-and-answer session
"Christ of Elqui Sir
what do you think
of one-piece bathing suits?"
"I don't have anything against youth
if it doesn't go too far"
"Christ of Elqui Sir
what is your opinion of the Christian Democrats?"
"I don't have anything against the Christian Democrats
if they don't go too far"
"What do you think about literary contests?"
"Competition doesn't solve anything
we're not race horses
I absolutely condemn it
on that I stand firm"
"Christ of Elqui Sir
do you recommend
authoritarianism or free will?"
"I don't know how to answer you I really don't
authoritarianism is a synonym for repression"
"What future do you see for the Cuban Revolution?"
"Little Red Riding Hood will win"
"Christ of Elqui Sir
do you have an opinion about sexual perversions?"

"I don't have anything against sexual perversions
if they don't go too far
of course I advocate platonic love"
"Could you clarify that for us please?"
"Platonic love allows a kiss on the forehead
anything more is the work of the Devil"
"What do you think of costume parties"
"I have nothing against costume parties
if they don't go too far

nada contra la fiesta de la primavera
que cada cual se divierta a su modo
a condición de que nos demos cuenta
de la fugacidad de todo esto
de la precariedad de todo esto
de la irrealidad de todo esto.

XLVII

Que por qué no me instalo con un negocio?
porque mi religión no me lo permite

que por qué no respondo cuando me ofenden?
porque mi religión no me lo permite

que por qué no fumo ni bebo?
porque mi religión no me lo permite

que por qué no me caso?
porque mi religión no me lo permite

que por qué no me ven en los prostíbulos?
porque mi religión no me lo permite

que por qué no manejo armas de fuego?
porque mi religión no me lo permite

Que por qué no como carne de rana?
porque mi religión no me lo permite

antes muerto de hambre
que comer ese bicho repugnante!

nor anything against the Spring Festival
each to his own diversion
as long as we can keep in mind
the brevity of all this
the precariousness of all this
the unreality of all this."

XLVII

So why don't I set myself up in business?
it's against my religion

why don't I lash back when they insult me?
it's against my religion

why don't I smoke or drink?
it's against my religion

why don't I get married?
it's against my religion

why don't I go to whorehouses?
it's against my religion

why don't I bear arms?
it's against my religion

why don't I eat frog meat?
it's against my religion

better to die of starvation
than swallow one of those repulsive creatures!

XLVIII

Yo soy el hombre más feliz del mundo
mentiría si digo que miento
cuando declaro ser
el desgraciado más feliz del mundo
no tengo nada contra la parentela
no tengo nada contra mis enemigos
no tengo nada contra mis hermanos
resolví mis problemas personales
me salvé por un pelo pero me salvé
lo repito para que no quede sombra de duda:
yo soy el hombre más feliz del mundo
me dan ganas de dar un aullido
y saltar desde un séptimo piso
claro: me sentiría más feliz
si no fuera tan extraordinariamente feliz
si no fuera tan insolentemente feliz
si no fuera tan escandalosamente feliz

hay que tener estómago de avestruz
para tragarse tanta porquería.

XLVIII

I am the happiest man in the world
I'd be lying if I said I was lying
when I declare myself
the happiest slob in the world
I hold no grudges against my kinfolk
I hold no grudges against my enemies
I hold no grudges against my brothers
I've resolved all my personal problems
I've been saved by the skin of my teeth but saved
I repeat so there won't be the shadow of a doubt
I am the happiest man in the world
I'm so happy it makes me want to howl
and jump out of a seventh-story window
sure I'd be happier
if I weren't so outlandishly happy
if I weren't so shamelessly happy
if I weren't so scandalously happy

you'd have to have the stomach of an ostrich
to swallow that garbage.

XLIX

Que Dios nos libre de los comerciantes
sólo buscan el lucro personal

que nos libre de Romeo y Julieta
sólo buscan la dicha personal

líbrenos de poetas y prosistas
que sólo buscan fama personal

líbrenos de los Héroes de Iquique
líbrenos de los Padres de la Patria
no queremos estatuas personales

si todavía tiene poder el Señor
que nos libre de todos esos demonios
y que también nos libre de nosotros mismos
en cada uno de nosotros hay
una alimaña que nos chupa la médula
un comerciante ávido de lucro
un Romeo demente que sólo sueña con poseer a Julieta
un héroe teatral
en connivencia con su propia estatua

Dios nos libre de todos estos demonios
si todavía sigue siendo Dios.

XLIX

May God save us from businessmen
they look only for personal profit

may he save us from Romeo and Juliet
they look only for personal pleasures

God save us from poets and fiction writers
they look only for personal fame

save us from the Heroes of Iquique
and from the Fathers of our Country
we're not looking for personal monuments

If the Lord still has power
may he save us from all these demons
and may he also save us from ourselves
within each of us lurks
a beast that sucks at our brains
the businessman greedy for profit
the demented Romeo who dreams only of possessing his Juliet
the theatrical hero
conniving with his own statue

God save us from all these demons
If, that is, he still is God.

L

Mis discípulos se molestan conmigo
por lo bien que me ha ido últimamente
después de tantos años de privaciones
acabo de comprarme una camionetita
a ellos les gusta verme rotoso
juran que tengo pacto con el Diablo
¡crucifíquenme entonces!
sin embargo yo sigo siendo el mismo de siempre
Domingo Zárate Vega
para servir a todos los radioescuchas
sin diferéncias de clases sociales
sepan que estoy perfectamente bien
no moriré en la cruz
estoy casi seguro
que moriré de muerte natural
habla Domingo Zárate Vega
alias el Cristo de Elqui
Radio Cooperativa Vitalicia.

LI

¡Este país es una buena plasta!
¡¡Aquí no se respeta ni la ley de la selva!!
"ya levantaremos cabeza" "ya levantaremos cabeza"
¡cuándo vamos a levantar cabeza
si descendemos de indios borrachos
y de una cáfila de españoles aventureros
delincuentes comunes en su mayoría!
¡¡el 32 de diciembre de mil novecientos nunca!!
¡sangre sajona es lo que falta aquí
para contrarrestar al indio ladrón e indolente!

L

My disciples are bothered about me
because of all the good that has come to me lately
after all those years of deprivation
I've just now bought myself a little truck
they'd like to see me in rags and tatters
they swear I have a pact with the Devil
let 'em crucify me then!
I'm the same person I always was.
Domingo Zárate Vega
here to serve all you radio fans out there
with no distinction of social class
here's to let you know I'm perfectly well
I'm not going to die on the cross
I'm almost sure
I'll die a natural death
this is Domingo Zárate Vega
alias Christ of Elqui
speaking to you live from Chilean Radio Cooperative.

LI

This country is a fine kettle of fish!
they don't even respect the law of the jungle here!
"Soon we can hold our heads up, soon we can hold our heads up"
How can we hold our heads up
when we descend from drunken Indians
and a cargo of renegade Spaniards
common scoundrels the lot of them
the 32d of December of Nineteen Hundred and Never!
Saxon blood is what we need here
to counteract those slovenly thieving Indians!

LII

Ultimamente he visto que los diarios
se ven plagados de expresiones de gracias
Gracias Espíritu Santo
por haberme devuelto la salud
Gracias Espíritu Santo
por haberme devuelto la razón
Gracias Espíritu Santo
por haberme devuelto la confianza en mí mismo
Gracias Espíritu Santo
por haberme devuelto las piernas
ahora puedo caminar nuevamente
Gracias Espíritu Santo
por haberme devuelto la virilidad

estas cosas se dicen personalmente en la calle
en la Estación Central en la Vega
arrodillados y con los brazos en cruz
para que tengan un valor efectivo
pero no se publican en el diario:
manerita de correrse por la baranda!

LII

Lately I've been seeing the daily paper
cluttered up with prayers of thanksgiving
Thank you Holy Spirit
for restoring my health
Thank you Holy Spirit
For restoring my sanity
Thank you Holy Spirit
for restoring my self-confidence
Thank you Holy Spirit
for restoring the use of my legs
now I can walk again
Thank you Holy Spirit
for restoring my virility

People should say these things personally in the street
in Central Station at the Fairgrounds
on their knees and with arms outspread
to get the full value of the desired effect
but don't publish them in the newspaper
talk about beating around the bush!

LIII

Y estas son las profecías del Cristo de Elqui:
pronto muy pronto vencerá la izquierda
prepararse muchachos
y los señores explotadores
que se vayan amarrando los pantalones con rieles
ahora le toca al pueblo
claro que los conchenchos
tratarán de impedirlo por todo los medios
asesinato—dólares—ITT
imposible señoras y señores
acuérdense de estas palabras proféticas
un socialista subirá al poder
en mala hora me dirán ustedes
eso yo no lo sé
lo que sé bien es que se suicidirá
cuando se vea solo y traicionado.

LIV

Ni profeta ni mago
—última vez que repito lo mismo—
no tengo nada de común con Elías
y mucho menos con el Hijo de Dios
¡hasta cuándo Señor—hasta cuándo!
no se me rían en mis propias barbas
aquí tienen mi cédula de identidad
aquí tienen mi certificado de nacimiento
mi veterana se llamaba Clarisa
Dios la tenga en su santo reino
por favor un poquito de prudencia
no bautizo tampoco
para qué me preguntan estupideces
saben perfectamente que soy un simple predicador
en el desierto de concreto armado.

LIII

Now hear the prophecies of the Christ of Elqui
soon very soon the left will overcome
prepare yourselves my brothers
as for those exploiters
let them hold up their pants with railroad ties
now it's the people's turn
of course those sons of bitches
will try to stop it any way they can
assassinations—dollars—the ITT
impossible ladies and gentlemen
remember these prophetic words
a socialist will rise to power
a day of doom some will say
I don't know about that
what I know is that he will commit suicide
once he finds himself betrayed and alone.

LIV

Not a prophet or a magician
—I'm telling you for the last time—
I have nothing in common with Elias
let alone the Son of God
How much longer, Lord, How much longer!
Don't laugh in my face
here you have my I.D. card
here's my birth certificate
my old nanny was named Clarissa
may God keep her in his Holy Kingdom
some common sense, please, if you don't mind
I don't baptize either
why do you ask me such idiocies
you know perfectly well I'm just a simple preacher
out there in the fortified concrete desert.

LV

El arte no debería ser una empresa privada
cómo dejar en manos de particulares
la producción de rayos ultrarrojos
nada más peligroso
para la integridad de la república
nuestra salud mental en primerísimo término
la poesía por ejemplo la poesía
puede llevar a la ruina a un país
si no se tiene cuidado con ella
piensen en el Nocturno de José Asunción Silva
que provocó una ola de suicidios
o en el Poema 20 de Neruda
la poesía debe ser positiva
como la Corporación de Fomento
o los Ferrocarriles del Estado
la libertad de expresión es un mito.

LVI

En España no importa que ganen terreno los comunistas
es un hecho que se impondrán en las próximas elecciones
y caramba que aquí también
yo mismo voto por los comunistas
porque estoy convencido
de que no van tras el interés personal
aunque sepa que están equivocados
siempre estarán ahí los sacerdotes
para ponerlos en el lugar que les corresponde
en caso de que lleguen a sobrepasarse
cosa que en Chile no sucederá
porque los sacerdotes son muy pocos
mientras que en la Península Ibérica
hay más curas que moscas en la miel.

LV

Art should not be a private enterprise
it's like leaving in the hands of the underworld
the production of infrared rays
nothing could be more injurious
to the integrity of the republic
our mental health above all things
poetry for example poetry
can bring a nation to ruin
if they're not careful with it
remember the Nocturn of José Asunción Silva
that provoked a wave of suicides
or poem number 20 by Neruda
poetry should be positive
like the Development Corporation
or Government Trains
freedom of expression is a myth.

LVI

In Spain it doesn't matter if the communists gain ground
it's a fact they'll come out ahead in the next election
hell, I even vote for communists
here in Chile
because I'm convinced
they're not interested in personal profit
even though I know they're wrong
But in Spain there will always be priests
to put the communists in their place
something that can never happen here
priests being so scarce
On the Iberian Peninsula, though
there are more priests than flies in honey.

LVII

Imposible entender a los chilenos
los que se quedaron aquí
no piensan en otra cosa que en irse
"este país no sirve para nada"
los que se fueron sueñan con volver
inútilmente porque no se puede
madre mía que estás en el cielo
santificado sea tu nombre
déjalos regresar a la patria
no permitas que mueran en el destierro.

LVIII

Gelatinoso
          ingenuo
                    marxistoide
tres epítetos mal intencionados
que me cuelga la prensa reaccionaria
a pesar de saber perfectamente
cómo
     cuándo
          y adónde me aprieta el zapato
basta con observar mi vestimenta
para ver que no soy blanco ni rojo
sino tirado para el ultravioleta
que es el color de Nuestro Señor Jesucristo.

LVII

I just can't understand the Chileans
the ones who stay here
don't think of anything but getting out
"This country is not any good for anything"
those who leave dream only of returning
in vain because they can't come back
Holy Mother who art in Heaven
hallowed be thy name
let them return to the Patria
don't let them die in exile.

LVIII

Spineless
        ingenuous
                Marxistoid
three scornful epithets I don't deserve
but the reactionary press hangs on me
even though they know perfectly well
how
    when
            and where the shoe pinches
all they have to do is look at my clothes
to realize I'm neither red nor white
but more on the ultraviolet side
which is the color of Our Lord and Savior Jesus Christ.

LIX

Don Secundino Fuentes es un gran caballero
muy liberal el hombre
                     muy corriente
jubilado de la Administración Pública
si les tocara ir a Chillán Viejo
pasen a saludarlo con toda confianza
vive en el Callejón Huambalí
a cuadra y media del Lazareto
pueden decirle que van de mi parte
de seguro que él los invitará
a un copetín o algo por el estilo
sin esperar retribución alguna
aunque es un hombre de escasos recursos.

LIX

Don Secundino Fuentes is a real gentleman
a very liberal man
                easygoing
retired from Public Administration
if you're ever passing through Old Chillán
go by and see him with every confidence
he lives on Huambalí Street
a block and a half from the Lazareto Square
you can tell him I sent you
I know he'll invite you in
for a glass of wine or something
without expecting anything in return
even though he's a man of little means.

LX

Creo no renegar de mis principios
si relato sin malas intenciones
los pormenores de una aventura romántica
que me fue confiada por un sacerdote
prácticamente desde el lecho de muerte
en un rapto de suprema armonía:
años atrás en un pueblo del sur
una vez una rubia despampanante
-virgen naturalmente-
se desmayó por el exceso de incienso
mientras el sacerdote decía su misa
con la mayor inocencia del mundo
sin sospechar el triunfo del demonio
pero mejor será que me quede callado
qué gano yo con poner en tela de juicio
la conducta de los seres humanos
y de un sacerdote en particular
símbolo de virtud y pureza
preferible pensar en otra cosa
máxime si se tiene en consideración
que la muchacha no se dio cuenta de nada
por hallarse en estado cataléptico.

LX

I don't believe I'm going against my ethics
if I should tell you a story with good intentions
concerning a certain little romantic adventure
told to me by a priest in confidence
practically on his deathbed
during a rapture of supreme harmony:
years ago in a little southern town
there was a ravishing blonde
—a virgin naturally—
who fainted from inhaling too much incense
while the priest was reciting the liturgy
in all innocence
guilelessly unsuspecting the devil's triumph
but really I oughtn't to say anything
what do I gain from passing judgment on people
upon their conduct
particularly on a priest
the symbol of virtue and piety
better to let my thoughts dwell on other things
especially taking into consideration
that the girl didn't know a thing that was going on
being as she was in a cataleptic state.

LXI

Como les iba diciendo
nadie lo conoció mejor que yo
puesto que fui su humilde Lazarillo
cuando él todavía no era nadie
Cierro los ojos y lo veo tal cual
alto—macizo—de mirada potente
sencillote—peinado para atrás
un salitrero como cualquier otro
no le tenía miedo a los burgueses
se abanicaba con la policía
yo trabajé con él en una imprenta
repartiendo folletos y volantes
contra la sanguijuela capitalista
no tragaba a los gringos ni con aceite
le repugnaban los patrones gordos
el más grande de todos los luchadores
incluídos chilenos y extranjeros
si la memoria no me es infiel
él quería abolir la esclavitud
en ese tiempo ser proletario
era peor que ser un leproso
ni con sombrero en mano lo escuchaban
con don Emilio cambiaron las cosas
libertario por donde se le mirara
no tragaba a los gringos ni con aceite
la juventud no tiene a la menor idea
lo que costó quebrarle el espinazo
a ese monstruo antediluviano
quién se acuerda hoy de la Escuela Santa María
de Ranquil de Lontué de Punta Arenas
y quién se acuerda de Ramona Parra?
sin Recabarren no se concibe Lafferte
ni Contreras Labarca ni Fonseca
nada que tenga un átomo de luz

LXI

As I was saying
nobody knew him better than I
since I was his poor guide dog
when he was still a nobody
I close my eyes and see him as he was
tall—stocky—with a fierce look
a plain man—hair combed back
a nitrate worker like the rest of us
he wasn't afraid of the bourgeoisie
he thumbed his nose at the police
I worked with him in a print shop
folding pamphlets and fliers
against those capitalist bloodsuckers
he couldn't swallow a gringo not even with oil
he despised all fat cats
he was the greatest fighter
Chileans and foreigners included
if my memory serves me right
he wanted to abolish slavery
at that time being a proletariat
was worse than being a leper
they wouldn't listen to him even with his hat in his hand
with Don Emilio things changed though
a freedom fighter however you looked at him
he couldn't swallow a gringo not even with oil
the young people don't have any idea
of what it cost him
to break the back of that antediluvian monster
who remembers St. Mary's School
in Ranquil in Lontué in Punta Arenas
and who remembers Ramona Parra?
without Recabarren, there'd have been no Lafferte
or Contreras or Labarca or Fonseca
or anything that has even an atom of light

hombre sin vicios secos ni húmedos
se tomaba sus tragos claro que sí
como cualquier nortino de verdad
claro que sin pasarse de la raya
yo soy abstemio por naturaleza
pero jamás se me pasó por la mente
condenarlo por esto o por lo otro
porque sé respetar a mis mayores
y porque el hombre debe ser como es
él era un luchador a lo humano
yo soy un gladiador a lo divino
nuestros caminos no se juntan nunca
aunque tampoco veo que se alejen
somos dos peregrinos paralelos
él se batió con los chanchos burgueses
y yo me bato contra Lucifer
cada cual en su propia especialidad

sin ese faro de Chuquicamata
qué sería de Chile en estos momentos.

a man with no vices either wet or dry
oh, he took a little nip now and then
like any true northerner
but he never stepped over the line
I am an abstainer by nature
but the thought never entered my head
to condemn him for this or for that
because I know how to respect my elders
and because a man ought to be the way he is
he was a fighter for the human race
I am a gladiator for the divine
our paths never join
but I don't think they're far apart
we are two pilgrims side-by-side
he battled against the bourgeois pigs
and I battle Lucifer
each one to his own specialty

without that lighthouse of Chuquicamata
where would Chile be right now.

LXII

Lo primero la madre
padres pueden haber en cantidades
técnicamente hablando
nadie puede decir éste es mi padre
este señor es mi progenitor
a ciencia cierta no se sabe nada
seguridad no hay en estas cosas
sin ofender a nadie en particular
el 50% por lo menos
algo que no sucede con la madre
siempre se sabe quién es nuestra madre
luego la madre es más real que el padre
por algo dicen madre hay una sola
de lo que se desprende lógicamente
que ella se encuentra por encima de todo
nada más objetivo que la madre
centro de gravedad
piedra angular de este mundo y el otro
quién va a ponerla en tela de juicio
ni malo de la cabeza que fuera
es por esto que yo no digo nunca
padre nuestro que estás en el cielo:
con el perdón del respetable público
me parece más atinado decir
madre nuestra que estás en el cielo
santificado sea tu nombre...

desde el punto de vista masculino
sé que estoy diciendo una barbaridad
al reemplazar el padre por la madre
en la oración más solemne de todas
sin embargo las cosas son así
piensen imparcialmente
como si no existiera la biblia
porque la biblia suele confundirnos
y se verá que tengo razón
a pesar de que soy un pobre diablo.

LXII

Your mother comes first
fathers you can have by the hundreds
technically speaking
nobody can truly say "this is my father
this man is my progenitor"
nothing is ever a sure thing
there's no security in matters of this nature
not more than 50% at least
not wishing to offend anyone
but anyway with a mother this can't happen
you can always be sure of who your mother is
that makes the mother more real than the father
that's why they say there's only one mother
so it follows logically
she's always put up on a pedestal
there's nothing more attractive than a mother
she's the center of gravity
the cornerstone of this world and the world beyond
who could ever pass judgment against his mother
not even if he were crazy in the head
for this reason I never say
our father who art in heaven
begging the respectable public's pardon
it seems to me more appropriate to say
our mother who art in heaven
hallowed be thy name . . .

from the male point of view
I know that I'm speaking atrocities
replacing father with mother
within the most solemn prayer
nevertheless that's how it happens to be
try to think impartially
as if the Bible didn't exist
since the Bible only tends to confuse us
and you'll see that I'm right after all
in spite of the fact that I'm just a poor devil.

LXIII

Que el Tribunal Supremo determine:
si amar a Dios sobre todas las cosas
es poseer espíritu de lucro
si no jurar su santo nombre en vano
es poseer espíritu de lucro
si venerar al padre y la madre
es poseer espíritu de lucro
si no robar matar ni fornicar
es poseer espíritu de lucro
si respetar a la mujer del prójimo
es poseer espíritu de lucro
Su Señoría: si imitar al Señor
en la medida de las propias fuerzas
es poseer espíritu de lucro
para qué nos echamos tierra a los ojos
el Cristo de Elqui es el peor de los comerciantes
el más ruin el más vil el más canalla
pueden crucificarme sin más trámite

reconozco que vendo mis folletos
exactamente: vendo los folletos
es decir no los puedo regalar
aunque me duela mucho el corazón
imposible—no puedo regalarlos
que me trague la tierra señor juez
apenas alcanzo para sobrevivir:
un poquitito de sentido común!
Por mi madre: si fuera millonario
no tan sólo folletos regalara
regalaría bibliotecas enteras
harta falta que hacen creo yo
Don Quijote en primerísimo término
—sin ese libro no se entiende nada—
Martín Fierro mi libro predilecto
mi velador—mi lámpara—mi todo
Los Caballeros de la Mesa Redonda

LXIII

Let the Supreme Court decide:
if loving God above all else
is possessing the spirit of lucre
if not taking his holy name in vain
is possessing the spirit of lucre
if honoring father and mother
is possessing the spirit of lucre
if not killing robbing or fornicating
is possessing the spirit of lucre
if honoring your neighbor's wife
is possessing the spirit of lucre
Your Honor, if imitating the Lord
to the best of one's ability
is possessing the spirit of lucre
why are we hiding the truth from ourselves
the Christ of Elqui is the most mercenary of all mercenaries
the basest the vilest scoundrel
you can crucify me without hesitation

I admit I sell my pamphlets
exactly: I sell my pamphlets
you can't expect me to give them away
even though it pains my heart
it's impossible—I can't give them away
may the earth swallow me your honor sir
but I barely make enough to get by
let's be reasonable!
on my mother's grave: if I were a millionaire
not only would I give away pamphlets
I'd donate entire libraries
There are few enough of them I might say
especially volumes of *Don Quixote*
without that book we'd never understand anything
and Martín Fierro my favorite text
my lamp my nightstand my everything
and the knights of the Round Table

Bertoldo Bertoldino y Cacaseno
obra como no hay otra en su género
el Han de Islandia por Víctor Hugo
la sin par Genoveva de Brabante
y para terminar
o sea que por ahí debí haber empezado
la Santa Biblia
                sí
                    la Santa Biblia
que es el único libro verdadero
los demás son hermosos pero falsos.

Bertoldo Bertoldino y Cacaseno
a nonpariel of its genre
or Victor Hugo's Hans of Iceland
the incomparable Genevieve of Brabante
and to top it all off
or maybe I should have started with it
the Holy Bible
                    sure
                            the Holy Bible
which is the only true book
the rest being only lovely imitations.

Bibliography

Parra, Nicanor. *Emergency Poems*. Translated by Miller Williams. New York: New Directions, 1972.
———. *Nuevas sermones y prédicas del Cristo de Elqui*. Valparaiso: Editorial Ganymedes, 1979.
———. *Poems and Antipoems*. Edited by Miller Williams. New York: New Directions, 1972.
———. *Sermones y prédicas del Cristo de Elqui*. Valparaiso: Editorial Ganymedes, 1979.
Valente, Ignacio. "Nicanor Parra: Sermones y prédicas del Cristo de Elqui." *El Mercurio de Santiago*, 18 December 1977.